Impressum
Verlag: BABADADA GmbH, Nedderfeld 112 , 22529 Hamburg
Geschäftsführer / Verlagsleitung: Harald Hof
Druck: Books on Demand GmbH, In de Tarpen 42, 22848 Norderstedt

Imprint
Publisher: BABADADA GmbH, Nedderfeld 112 , 22529 Hamburg, Germany
Managing Director / Publishing direction: Harald Hof
Print: Books on Demand GmbH, In de Tarpen 42, 22848 Norderstedt, Germany

школа

school

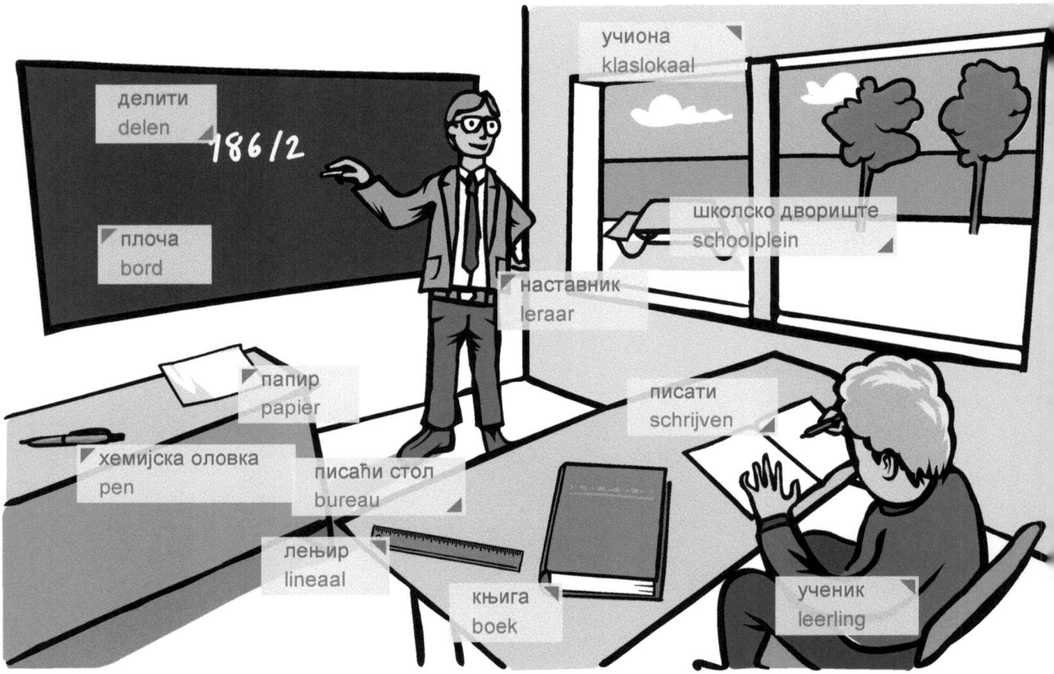
учиона
klaslokaal
делити
delen
186/2
плоча
bord
школско двориште
schoolplein
наставник
leraar
папир
papier
писати
schrijven
хемијска оловка
pen
писаћи стол
bureau
лењир
lineaal
књига
boek
ученик
leerling

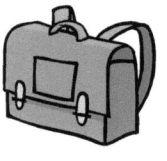

торба

schooltas

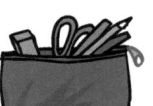

перница

etui

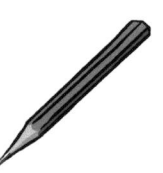

графитна оловка

potlood

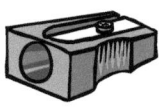

шиљило за оловке

puntenslijper

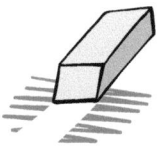

гумица за брисање

gum

блок за цртање

schetsblok

цртеж

tekening

кист

penseel

кутија са бојама

verfdoos

маказе

schaar

лепило

lijm

бележница

schrift

домаћи задатак

huiswerk

број

getal

сабирати

optellen

одузимати

aftrekken

множити

vermenigvuldigen

рачунати

rekenen

слово

letter

абецеда

alfabet

реч

woord

текст

tekst

читати

lezen

креда

krijt

час

les

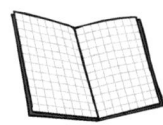

дневник

klassenboek

испит

examen

сведочанство

diploma

школска униформа

schooluniform

образовање

opleiding

лексикон

encyclopedie

универзитет

universiteit

микроскоп

microscoop

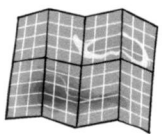

карта

kaart

кошара за папир

prullenmand

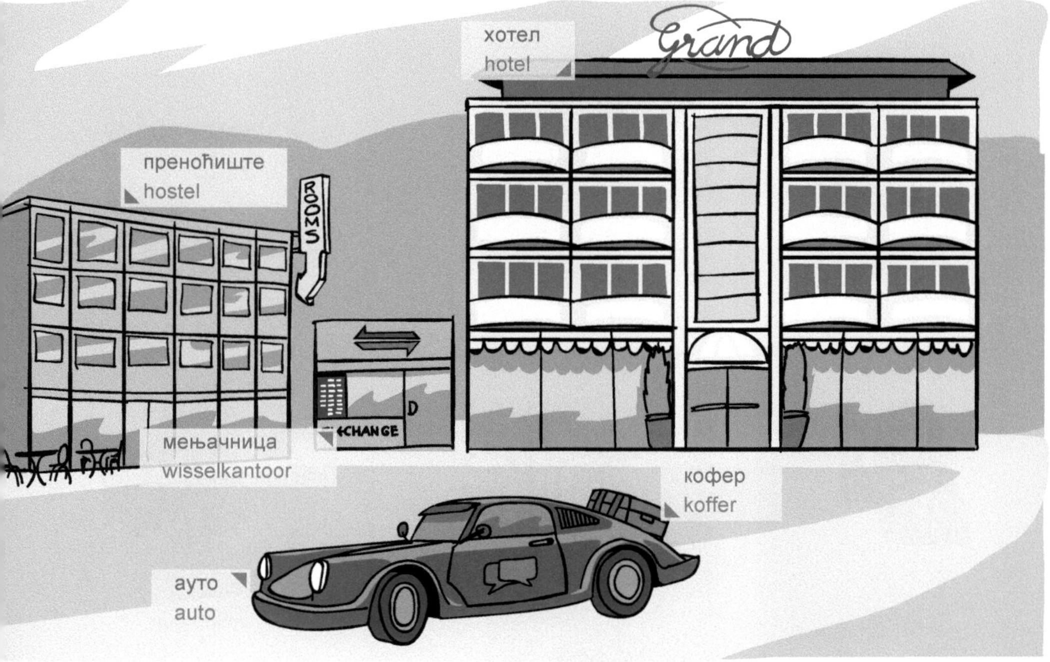

хотел
hotel
Grand
преноћиште
hostel
ROOMS
мењачница
wisselkantoor
EXCHANGE
кофер
koffer
ауто
auto

језик

taal

да / не

ja / nee

океј

oké

здраво

Hallo!

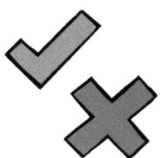

преводилац

tolk

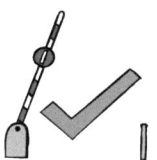

хвала

Bedankt.

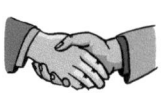

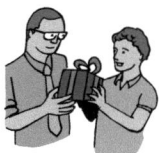

Колико кошта…?

Wat kost …?

не разумем

Ik begrijp het niet.

проблем

probleem

добро вече!

Goedenavond!

Добро јутро!

Goedemorgen!

Лаку ноћ!

Goedenacht!

довиђења

Tot ziens!

смер

richting

пртљага

bagage

торба

tas

руксак

rugzak

гост

gast

соба

kamer

врећа за спавање

slaapzak

шатор

tent

путовање - reis

туристичке информације

VVV-kantoor

плажа

strand

кредитна картица

creditkaart

доручак

ontbijt

ручак

lunch

вечера

diner

карта за вожњу

kaartje

лифт

lift

поштанска маркица

postzegel

граница

grens

царина

douane

амбасада

ambassade

виза

visum

пасош

paspoort

транспорт

transport

авион
vliegtuig

брод
schip

ватрогасно возило
brandweerwagen

теретно возило
vrachtauto

аутобус
bus

моторни чамац
motorboot

бицикл
fiets

ауто
auto

трајект

veerboot

чамац

boot

мотоцикл

motorfiets

полицијски ауто

politiewagen

тркаћи ауто

raceauto

изнајмљено ауто

huurauto

деление аутомобила

carsharing

вучно возило

takelwagen

возило за одвоз смећа

vuilniswagen

мотор

motor

бензин

benzine

бензинска станица

benzinepomp

саобраћајни знак

verkeersbord

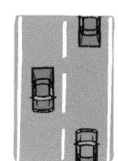

саобраћај

verkeer

застој

file

паркиралиште

parkeerplaats

железничка станица

station

шине

rails

воз

trein

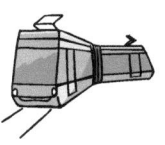

трамвај

tram

вагон

wagon

хеликоптер

helikopter

аеродром

luchthaven

кула

toren

путник

passagier

контејнер

container

картон

verhuisdoos

колица

kar

корпа

mand

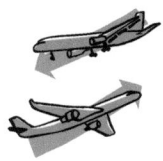

узлетети / слетети

opstijgen / landen

град

stad

село

dorp

центар града

stadscentrum

кућа

huis

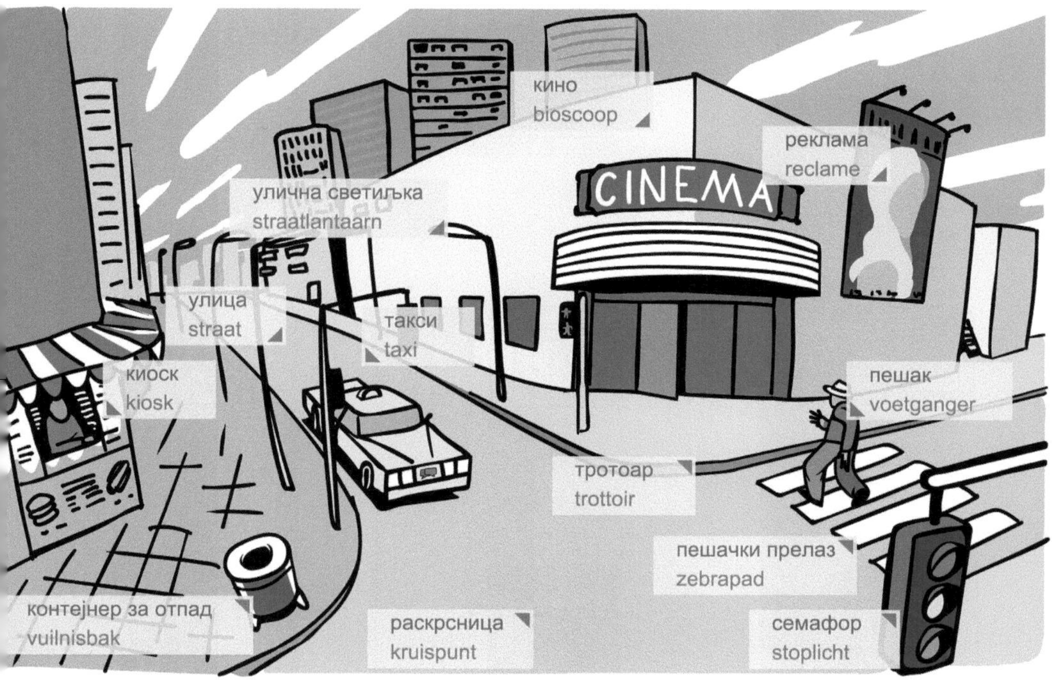

кино
bioscoop

реклама
reclame

улична светиљка
straatlantaarn

CINEMA

улица
straat

такси
taxi

пешак
voetganger

киоск
kiosk

тротоар
trottoir

пешачки прелаз
zebrapad

контејнер за отпад
vuilnisbak

раскрсница
kruispunt

семафор
stoplicht

колиба

hut

стан

appartement

железничка станица

station

већница

stadhuis

музеј

museum

школа

school

универзитет

universiteit

банка

bank

болница

ziekenhuis

хотел

hotel

апотека

apotheek

канцеларија

kantoor

књижара

boekenwinkel

продавница

winkel

цвећара

bloemenwinkel

супермаркет

supermarkt

трг

markt

робна кућа

warenhuis

рибарница

visboer

трговачки центар

winkelcentrum

лука

haven

парк

park

клупа

bank

мост

brug

степеница

trap

подземна железница

metro

тунел

tunnel

аутобуска станица

bushalte

бар

bar

ресторан

restaurant

поштанско сандуче

brievenbus

улични знак

straatnaambord

паркирни аутомат

parkeermeter

зоолошки врт

dierentuin

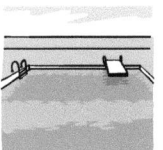

базен

zwembad

џамија

moskee

сеоско газдинство

boerderij

загађење околине

vervuiling

гробље

begraafplaats

црква

kerk

игралиште

speelplaats

храм

tempel

пејсаж
landschap

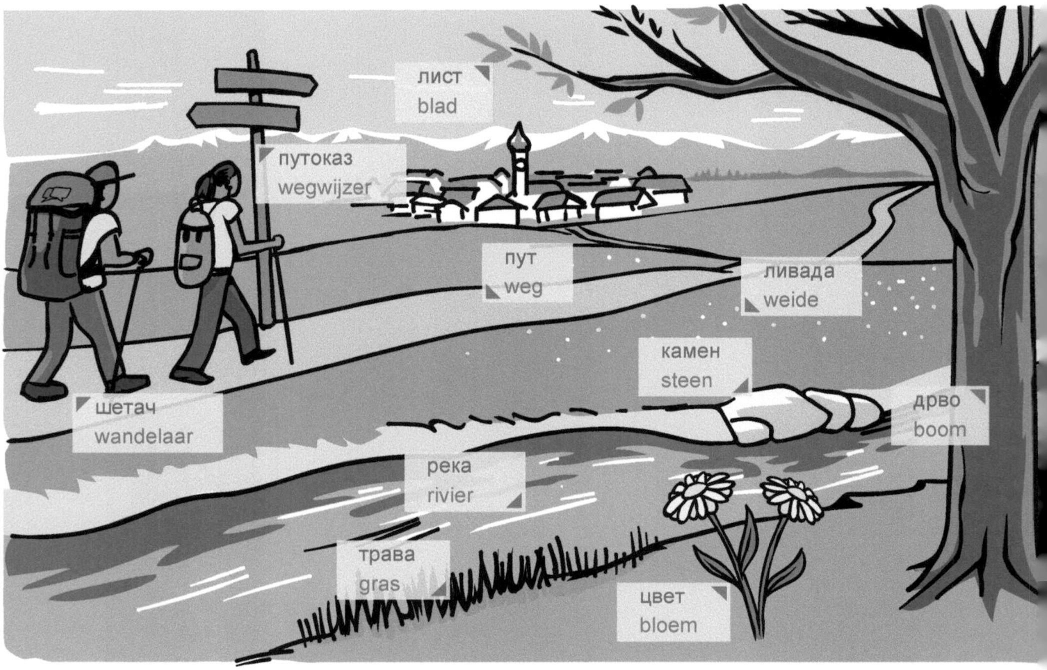

лист
blad

путоказ
wegwijzer

пут
weg

ливада
weide

камен
steen

дрво
boom

шетач
wandelaar

река
rivier

трава
gras

цвет
bloem

долина

vallei

планина

berg

језеро

meer

шума

bos

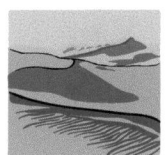

пустиња

woestijn

вулкан

vulkaan

дворац

kasteel

дуга

regenboog

гљива

paddenstoel

палма

palmboom

москито

mug

мува

vlieg

мрав

mier

пчела

bij

паук

spin

пејсаж - landschap

буба

kever

жаба

kikker

веверица

eekhoorn

јеж

egel

зец

haas

сова

uil

птица

vogel

лабуд

zwaan

дивља свиња

wild zwijn

јелен

hert

лос

eland

насип

stuwdam

ветрењача

windmolen

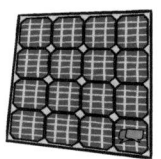

соларна плоча

zonnepaneel

клима

klimaat

ресторан
restaurant

конобар
ober
јеловник
menu
столица
stoel
супа
soep
пица
pizza
прибор за јело
bestek
стољњак
tafelkleed

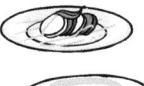

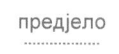

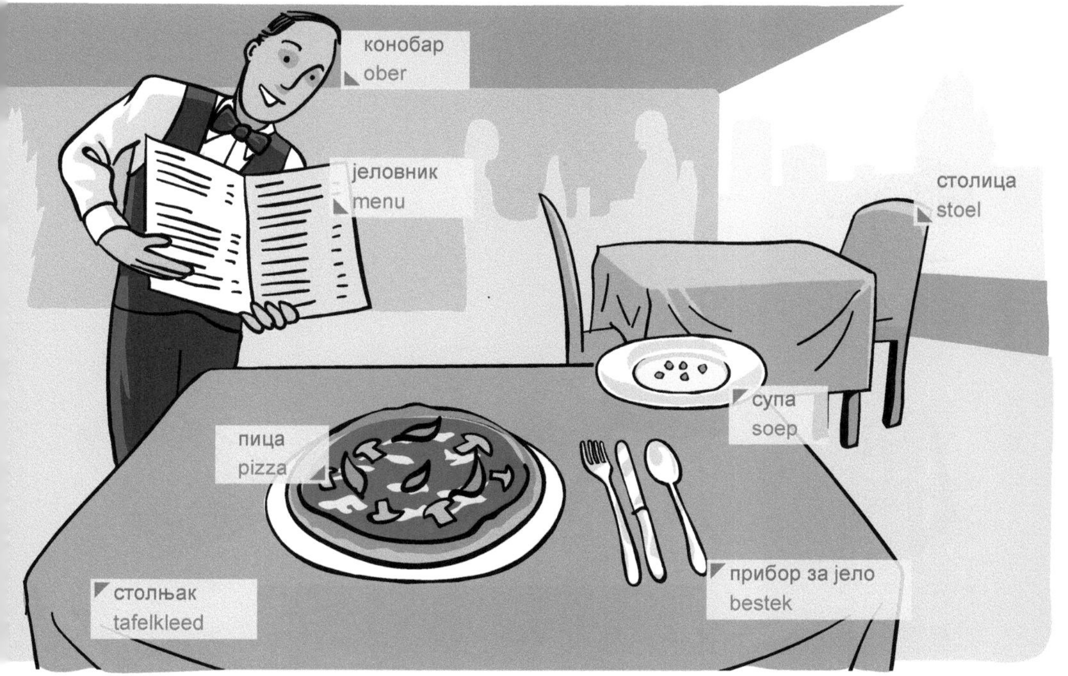

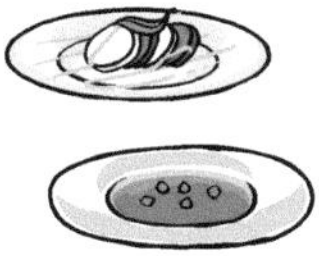

предјело
voorgerecht

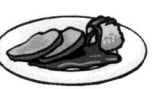

главно јело
hoofdgerecht

десерт
toetje

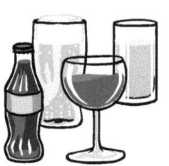

напитци
dranken

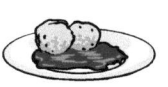

јело
eten

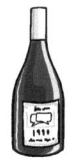

флаша
fles

брза храна

fastfood

имбис храна

eetkraampje

чајник

theepot

доза за шећер

suikerpot

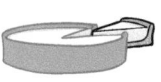

порција

portie

апарат за еспресо

espressomachine

висока столица

kinderstoel

рачун

rekening

послужавник

dienblad

нож

mes

виљушка

vork

кашика

lepel

чајна кашика

theelepel

салвета

servet

чаша

glas

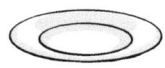

тањир

bord

тањир за супу

soepbord

тањирић

schotel

сос

saus

сољенка

zoutvaatje

млин за бибер

pepermolen

сирће

azijn

уље

olie

зачини

kruiden

кечап

ketchup

сенф

mosterd

мајонеза

mayonaise

супермаркет
supermarkt

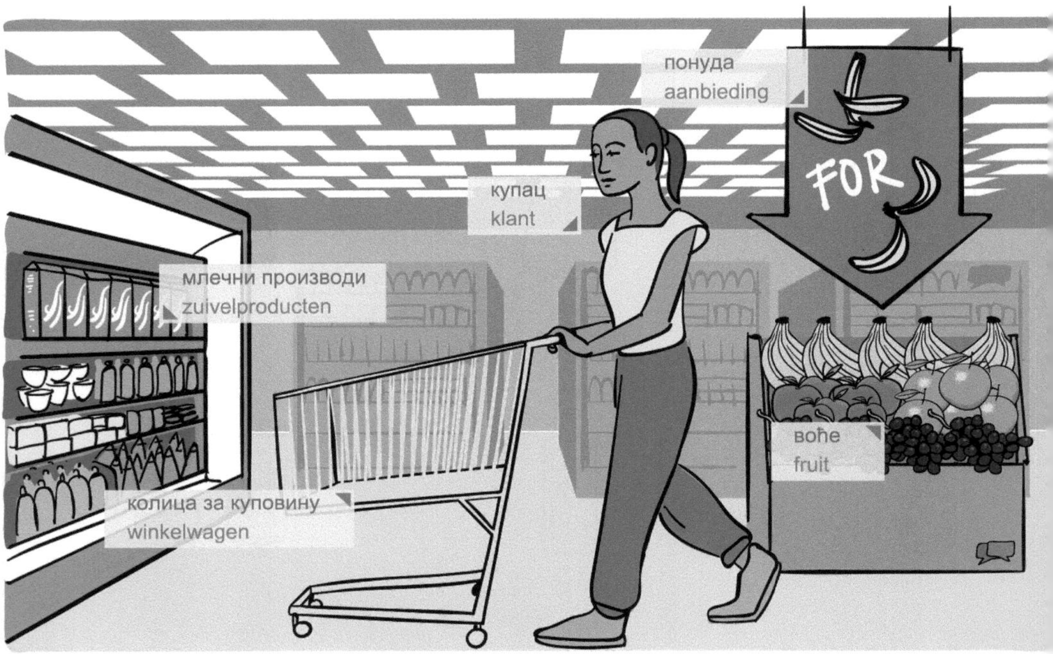

понуда
aanbieding
FOR
купац
klant
млечни производи
zuivelproducten
воће
fruit
колица за куповину
winkelwagen

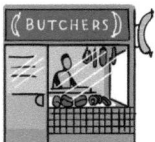

BUTCHERS

месница

slager

BAKERY

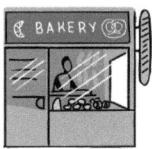

пекара

bakkerij

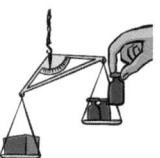

вагати

wegen

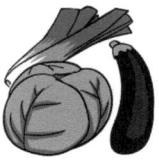

поврће

groente

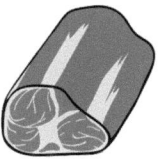

месо

vlees

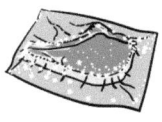

смрзнута храна

diepvriesproducten

нарезак

vleeswaren

конзерве

conserven

средство за прање

wasmiddel

слаткиши

snoepgoed

артикли за домаћинство

huishoudelijke artikelen

средства за чишћење

schoonmaakmiddel

продавачица

verkoopster

благајна

kassa

благајник

kassier

листа за куповину

boodschappenlijstje

време рада

openingstijden

новчаник

portefeuille

кредитна картица

creditkaart

торба

tas

пластична кеса

plastic zak

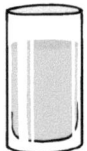

вода

water

сок

sap

млеко

melk

кола

cola

вино

wijn

пиво

bier

алкохол

alcohol

какао

chocolademelk

чај

thee

кава

koffie

еспресо

espresso

капућино

cappuccino

банана

banaan

јабука

appel

наранџа

sinaasappel

лубеница

watermeloen

лимун

citroen

шаргарепа

wortel

бели лук

knoflook

бамбус

bamboe

лук

ui

гљива

paddenstoel

орашасти плодови

noten

резанци

pasta

шпагете

spaghetti

рижа

rijst

салата

salade

помфрит

friet

печени крумпир

gebakken aardappelen

пица

pizza

хамбургер

hamburger

сендвич

sandwich

шницла

schnitzel

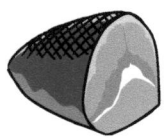

шунка

ham

салама

salami

кобасица

worst

кокош

kip

печење

gebraad

риба

vis

зобене пахуљице

havermout

мусли

muesli

кукурузне пахуљице

cornflakes

брашно

meel

кроасан

croissant

пециво

broodjes

хлеб

brood

тоаст

toast

кекси

koekjes

маслац

boter

свежи сир

kwark

колач

taart

jaje

ei

jaje на око

gebakken ei

сир

kaas

сладолед

ijs

шећер

suiker

мед

honing

мармелада

jam

нугат крема

chocoladepasta

кари

kerrie

сеоско газдинство
boerderij

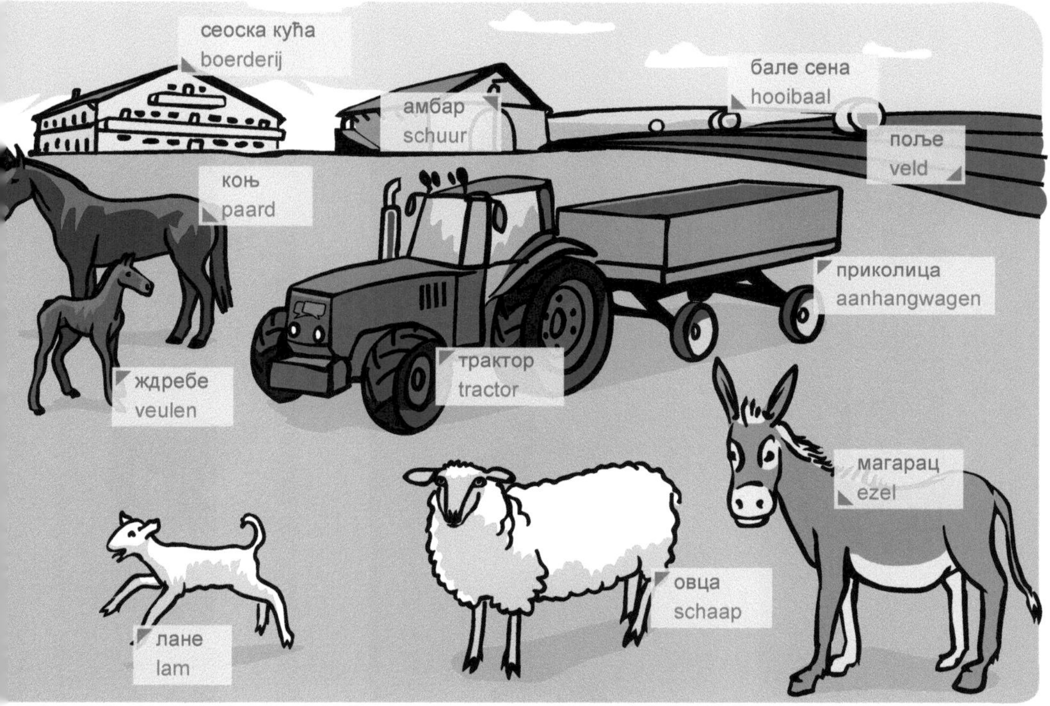
сеоска кућа
boerderij
бале сена
hooibaal
амбар
schuur
поље
veld
коњ
paard
приколица
aanhangwagen
трактор
tractor
ждребе
veulen
магарац
ezel
овца
schaap
лане
lam

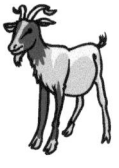

коза

geit

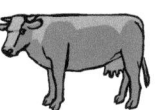

крава

koe

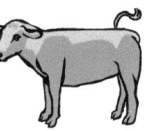

теле

kalf

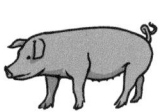

свиња

varken

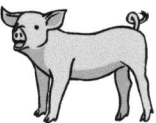

прасе

big

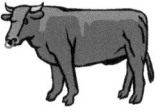

бик

stier

гуска

gans

патка

eend

пилићи

kuiken

кокош

kip

петао

haan

пацов

rat

мачка

kat

миш

muis

вол

os

пас

hond

кућица за пса

hondenhok

вртно црево

tuinslang

канта за поливање

gieter

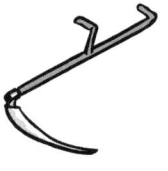

коса

zeis

плуг

ploeg

срп
sikkel

мотика
schoffel

виљушка за ђубриво
hooivork

секира
bijl

тачке
kruiwagen

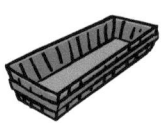

корито
trog

посуда за млеко
melkbus

врећа
zak

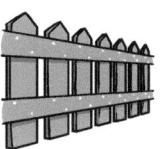

ограда
hek

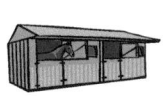

штала
stal

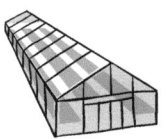

стакленик
broeikas

земља
grond

семе
zaad

ђубриво
mest

комбајн
maaidorser

жети
oogsten

жетва
oogst

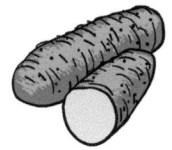

јамс зачин
yam

пшеница
tarwe

соја
soja

кромпир
aardappel

кукуруз
maïs

уљана репица
koolzaad

воћка
fruitboom

гомољ маниоке
maniok

житарице
granen

кућа
huis

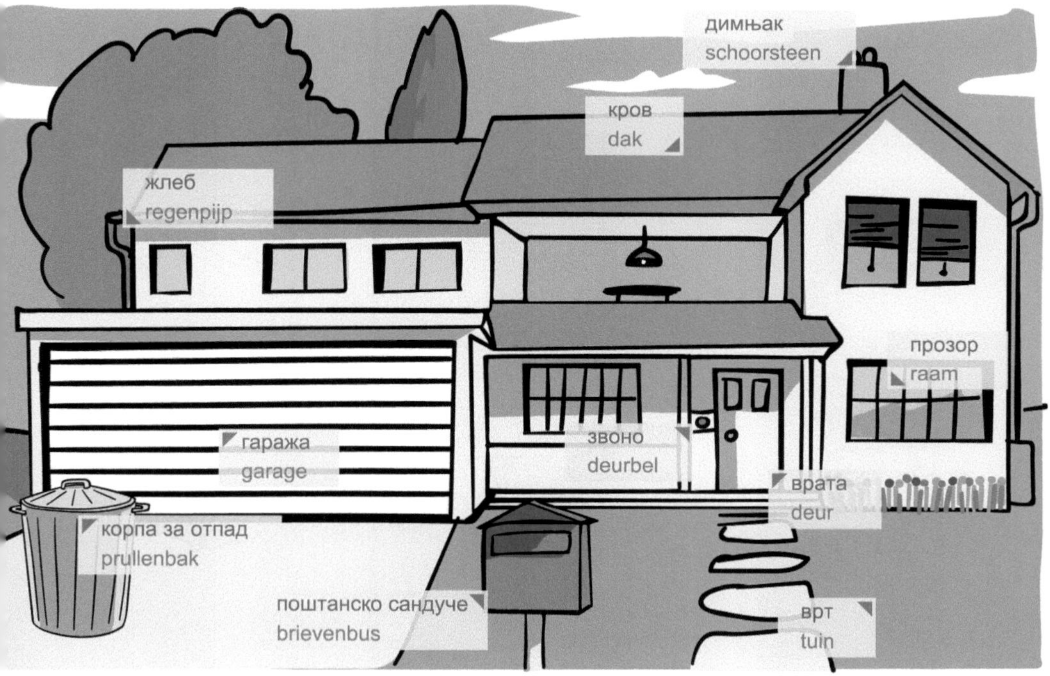
димњак
schoorsteen
кров
dak
жлеб
regenpijp
прозор
raam
гаража
garage
звоно
deurbel
врата
deur
корпа за отпад
prullenbak
поштанско сандуче
brievenbus
врт
tuin

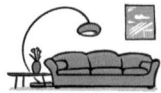

дневна соба

woonkamer

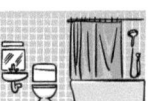

купаоница

badkamer

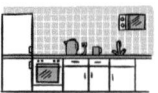

кухиња

keuken

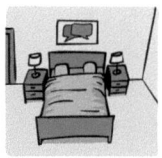

спаваћа соба

slaapkamer

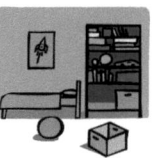

дечија соба

kinderkamer

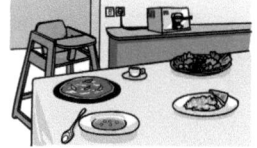

трпезарија

eetkamer

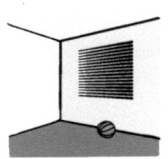

под

vloer

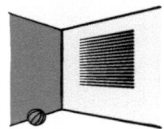

зид

muur

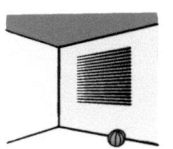

строп

plafond

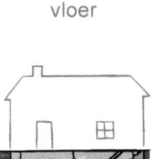

подрум

kelder

сауна

sauna

балкон

balkon

тераса

terras

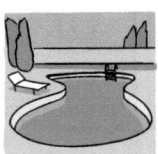

базен

zwembad

косилица за траву

grasmaaier

постељина за кревет

laken

дека за кревет

bedsprei

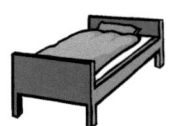

кревет

bed

метла

bezem

канта

emmer

прекидач

schakelaar

дневна соба
woonkamer

тапета
behang
слика
foto
светиљка
lamp
регал
plank
ормар
kast
телевизија
televisie
камин
open haard
цвет
bloem
јастук
kussen
кауч
bankstel
ваза
vaas
даљински управљач
afstandsbediening

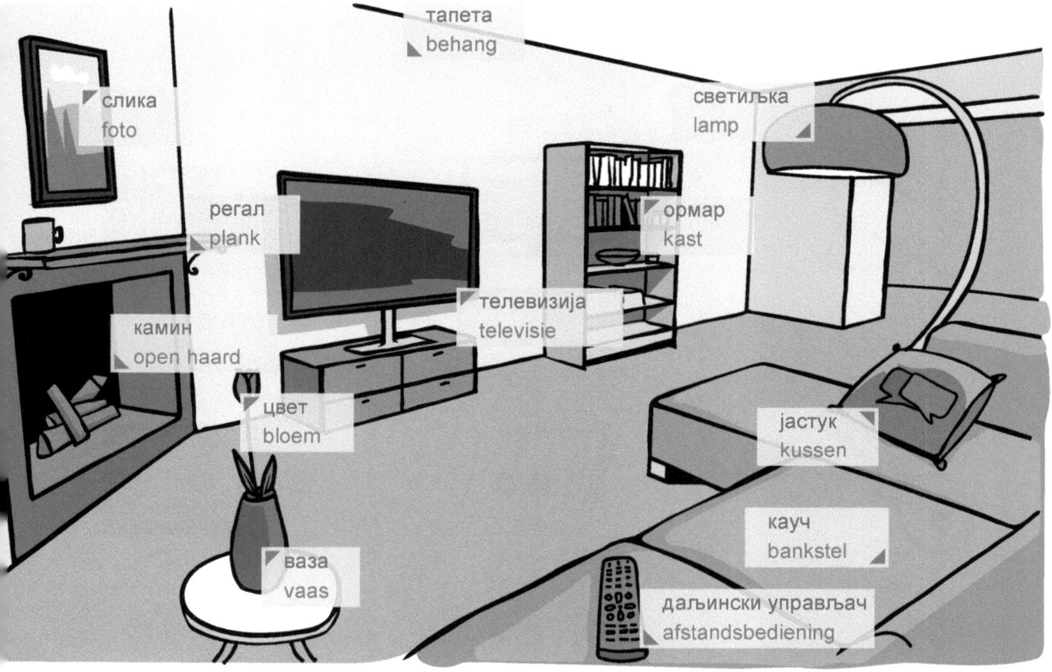

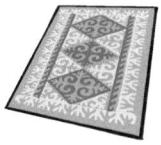

тепих

tapijt

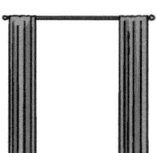

завеса

gordijn

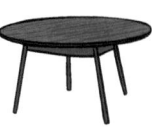

сто

tafel

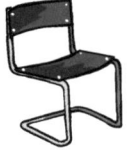

столица

stoel

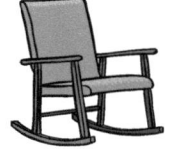

столица за њихање

schommelstoel

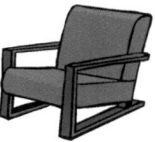

фотеља

stoel

књига
boek

дека
deken

декорација
decoratie

дрво за огрев
brandhout

филм
film

хи-фи уређај
stereo-installatie

кључ
sleutel

новине
krant

слика на платну
schilderij

постер
poster

радио
radio

блок за писање
kladblok

усисивач
stofzuiger

кактус
cactus

свећа
kaars

кухиња
keuken

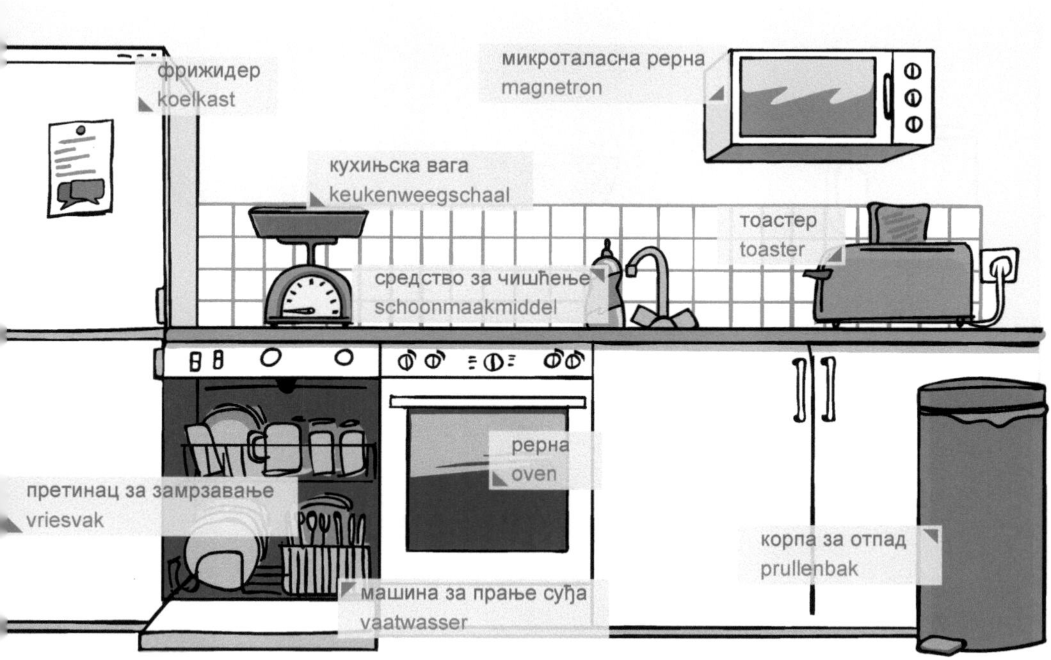

фрижидер
koelkast
микроталасна рерна
magnetron
кухињска вага
keukenweegschaal
тоастер
toaster
средство за чишћење
schoonmaakmiddel
рерна
oven
претинац за замрзавање
vriesvak
корпа за отпад
prullenbak
машина за прање суђа
vaatwasser

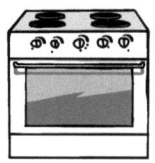

шпорет

fornuis

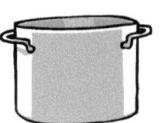

лонац

pan

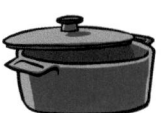

гвоздени лонац

gietijzeren pan

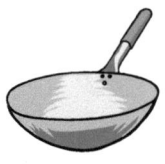

вок / кадаи

wok / kadai

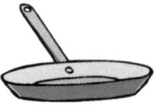

тава

koekenpan

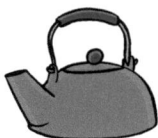

кувало за воду

ketel

кувало на пару

stoomkoker

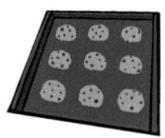

лим за печење

bakplaat

посуђе

servies

чаша

beker

посуда

kom

штапићи за јело

eetstokjes

кутлача

soeplepel

лопатица

spatel

пењача

garde

сито за кување

vergiet

сито

zeef

рибеж

rasp

мужар

vijzel

роштиљ

barbecue

огњиште

vuurhaard

даска

snijplank

оклагија

deegroller

вадичеп

kurkentrekker

конзерва

blik

отварач конзерви

blikopener

крпа за лонац

pannenlap

судопер

wasbak

четка

borstel

сунђер

spons

миксер

blender

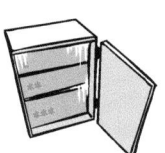

замрзивач

vriezer

флашица за бебе

babyflesje

славина за воду

kraan

купаоница

badkamer

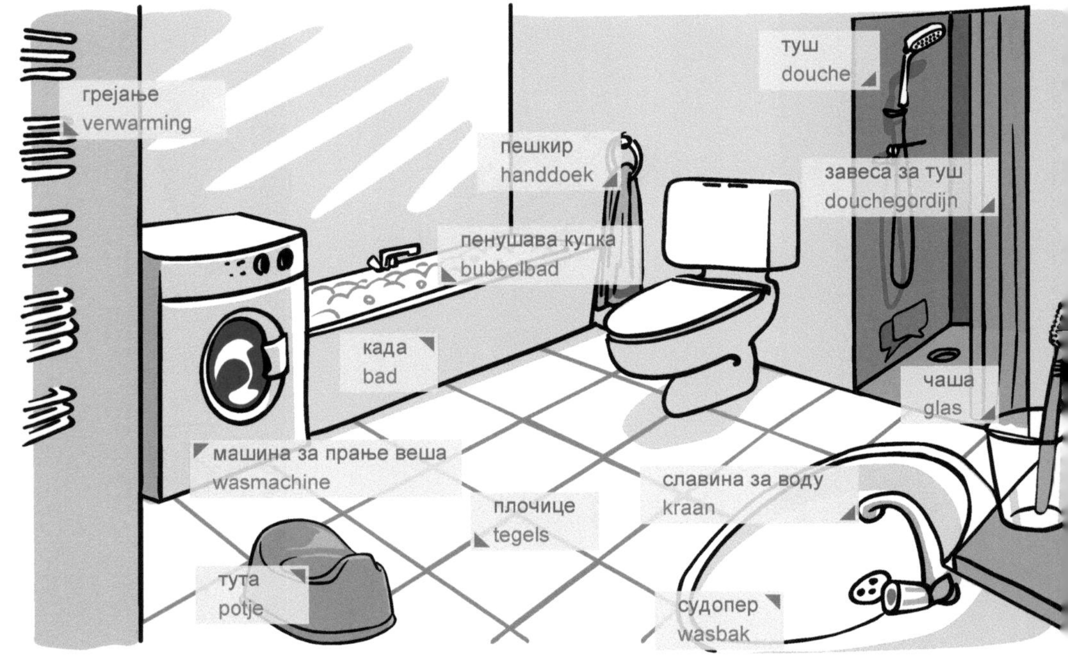

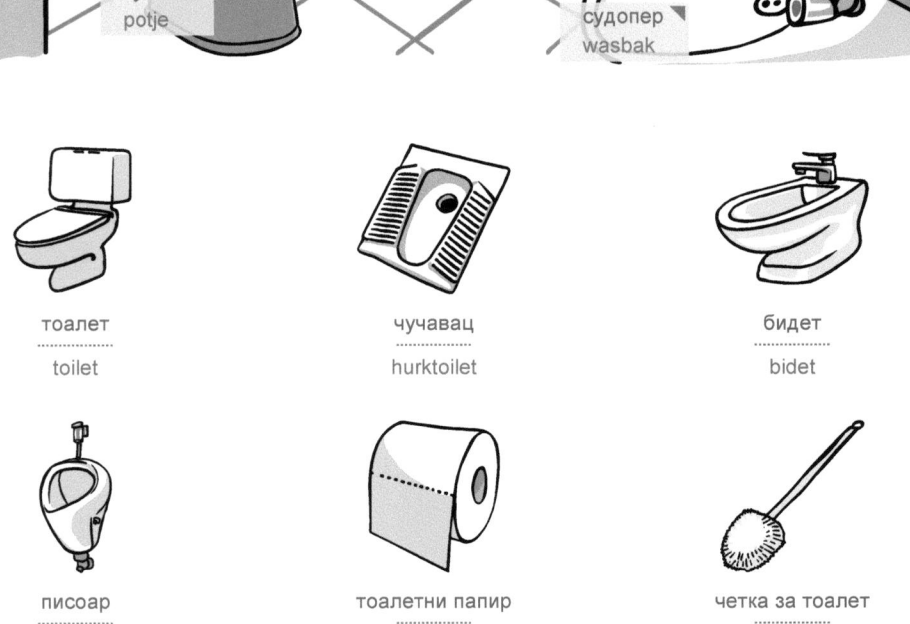

туш
douche
грејање
verwarming
пешкир
handdoek
завеса за туш
douchegordijn
пенушава купка
bubbelbad
када
bad
чаша
glas
машина за прање веша
wasmachine
славина за воду
kraan
плочице
tegels
тута
potje
судопер
wasbak

тоалет

toilet

чучавац

hurktoilet

бидет

bidet

писоар

urinoir

тоалетни папир

toiletpapier

четка за тоалет

toiletborstel

четкица за зубе

tandenborstel

паста за зубе

tandpasta

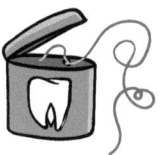

конац за зубе

flosdraad

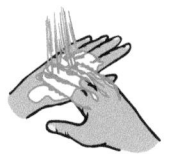

прати

wassen

туш ручица

handdouche

туш за прање интимних делова

toiletdouche

лавор

waskom

четка за прање леђа

rugborstel

сапун

zeep

гел за туширање

douchegel

шампон

shampoo

крпа за прање

washanje

одвод

afvoer

крема

creme

дезодоранс

deodorant

огледало

spiegel

козметичко огледало

make-upspiegel

бријач

scheermes

пена за бријање

scheerschuim

лосион за после бријања

aftershave

чешаљ

kam

четка

borstel

фен за косу

haardroger

спреј за косу

haarspray

шминка

make-up

руж за усне

lippenstift

лак за нокте

nagellak

вата

watten

маказе за нокте

nagelschaartje

парфем

parfum

козметичка торбица

toilettas

столица

kruk

вага

weegschaal

огртач

badjas

рукавице за чишћење

rubber handschoenen

тампон

tampon

уложак

maandverband

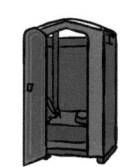

хемијски тоалет

chemisch toilet

дечија соба

kinderkamer

будилник
wekker
плишана играчка
knuffeldier
ауто играчка
speelgoedauto
звечка
rammelaar
кућица за лутке
poppenhuis
поклон
cadeau

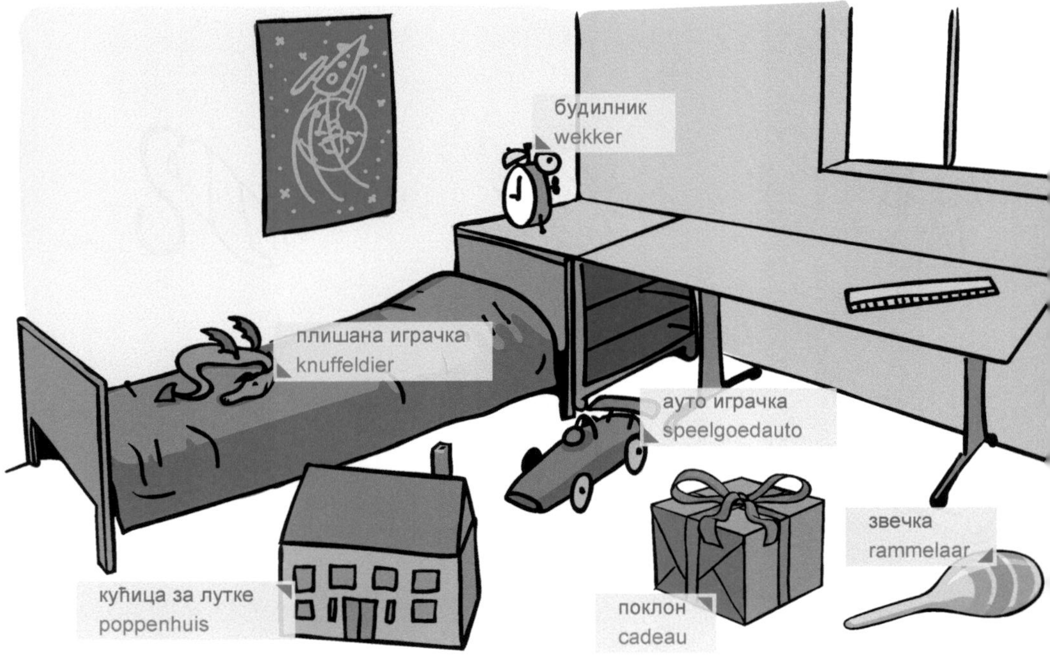

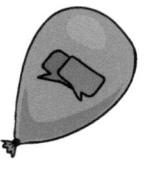

балон

ballon

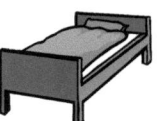

кревет

bed

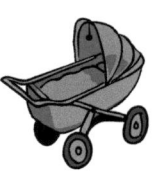

дјечија колица

kinderwagen

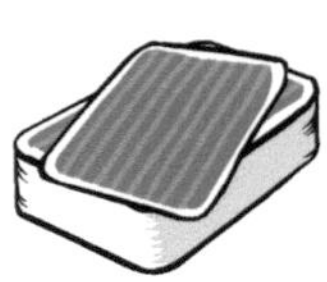

игра са картама

kaartspel

слагалица

puzzel

SUPER
MEGA

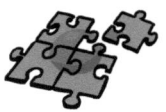

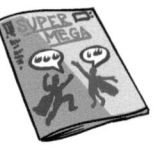

стрип

stripverhaal

лего коцкице

legostenen

коцкице за слагање

speelgoedblokken

акциони јунак

actiefiguurtje

бенкица за бебе

romper

фризби

frisbee

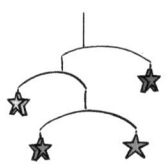

висеће играчке

mobile

друштвене игре

bordspel

коцка

dobbelsteen

минијатурна жељезница

modeltrein

дуда

speen

забава

feestje

сликовница

prentenboek

лопта

bal

лутка

pop

играти

spelen

пешчаник
zandbak

љуљачка
schommel

играчка
speelgoed

конзола за игре
spelcomputer

трицикл
driewieler

теди
teddybeer

ормар
kleerkast

одећа
kleding

кратке чарапе
sokken

чарапе
kousen

хулахопке
panty

шал
sjaal

каиш
riem

кишобран
paraplu

мајица
T-shirt

чизме
laarzen

папуче
pantoffels

патике
sportschoenen

сандале
....
sandalen

ципеле
....
schoenen

гумене чизме
....
rubberlaarzen

гаћице
....
onderbroek

грудњак
....
beha

поткошуља
....
onderhemd

одећа - kleding

боди

body

панталоне

broek

фармерке

spijkerbroek

сукња

rok

блуза

blouse

кошуља

overhemd

џемпер

trui

џемпер с капуљачом

hoody

сако

blazer

јакна

jas

мантил

mantel

кабаница

regenjas

костим

kostuum

хаљина

jurk

венчаница

trouwjurk

одело
pak

спаваћица
nachthemd

пиџама
pyjama

сари
sari

марама за главу
hoofddoek

турбан
tulband

бурка
boerka

кафтан
kaftan

абаја
abaja

купаћи костим
zwempak

купаће гаћице
zwembroek

кратке панталоне
korte broek

одећа за тренинг
trainingspak

кецеља
schort

рукавице
handschoenen

дугме

knoop

наочаре

bril

наруквица

armband

огрлица

ketting

прстен

ring

наушница

oorbel

капа

pet

вешалица

kledinghanger

шешир

hoed

кравата

stropdas

патент затварач

rits

кацига

helm

нараменице

bretels

школска униформа

schooluniform

униформа

uniform

подбрадак

slabbetje

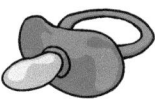

дуда

speen

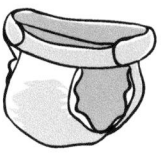

пелена

luier

канцеларија
kantoor

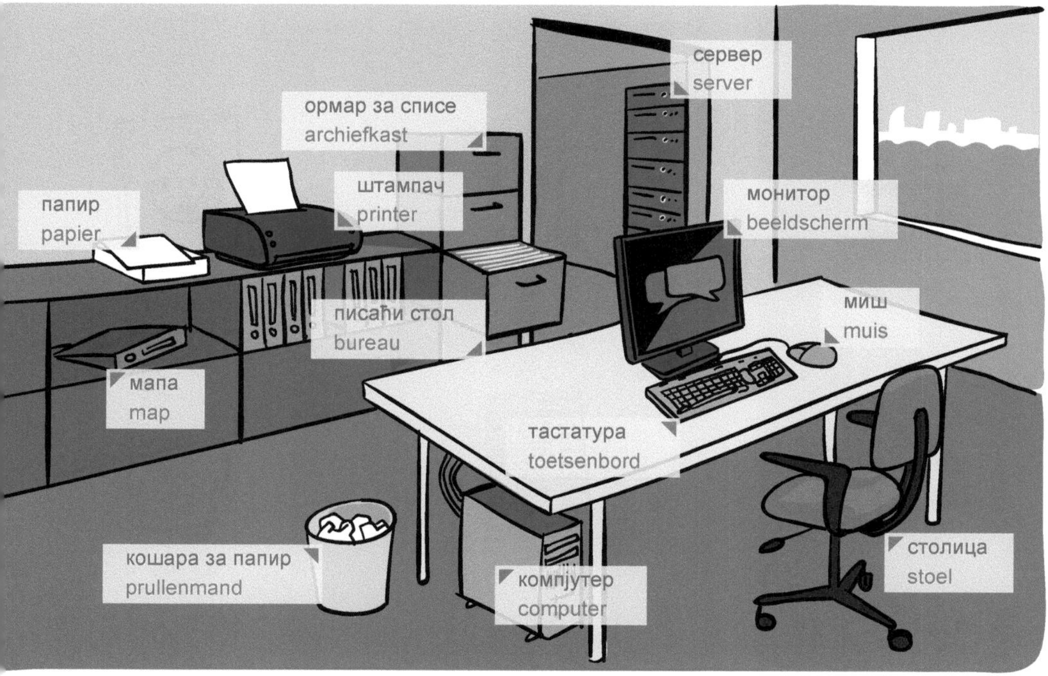

сервер
server

ормар за списе
archiefkast

штампач
printer

монитор
beeldscherm

папир
papier

миш
muis

писаћи стол
bureau

мапа
map

тастатура
toetsenbord

кошара за папир
prullenmand

столица
stoel

компјутер
computer

шалица за каву

koffiemok

калкулатор

rekenmachine

интернет

internet

лаптоп

laptop

писмо

brief

порука

bericht

мобилни телефон

mobiele telefoon

мрежа

netwerk

уређај за копирање

kopieermachine

софтвер

software

телефон

telefoon

утичница

stopcontact

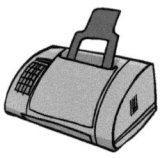

факс

fax

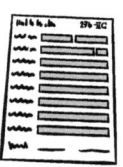

формулар

formulier

документ

document

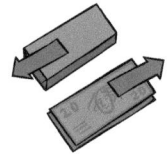

куповати

kopen

платити

betalen

трговати

handel drijven

новац

geld

долар

dollar

евро

euro

јен

yen

рубља

roebel

швајцарски франак

Zwitserse frank

ренминдби јуан

renminbi yuan

рупија

roepie

аутомат за новац

geldautomaat

мењачница

wisselkantoor

злато

goud

сребро

zilver

нафта

olie

енергија

energie

цена

prijs

уговор

contract

порез

belasting

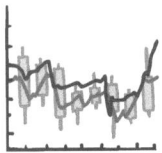

деонице

aandeel

радити

werken

службеник

werknemer

послодавац

werkgever

фабрика

fabriek

продавница

winkel

занимања
beroepen

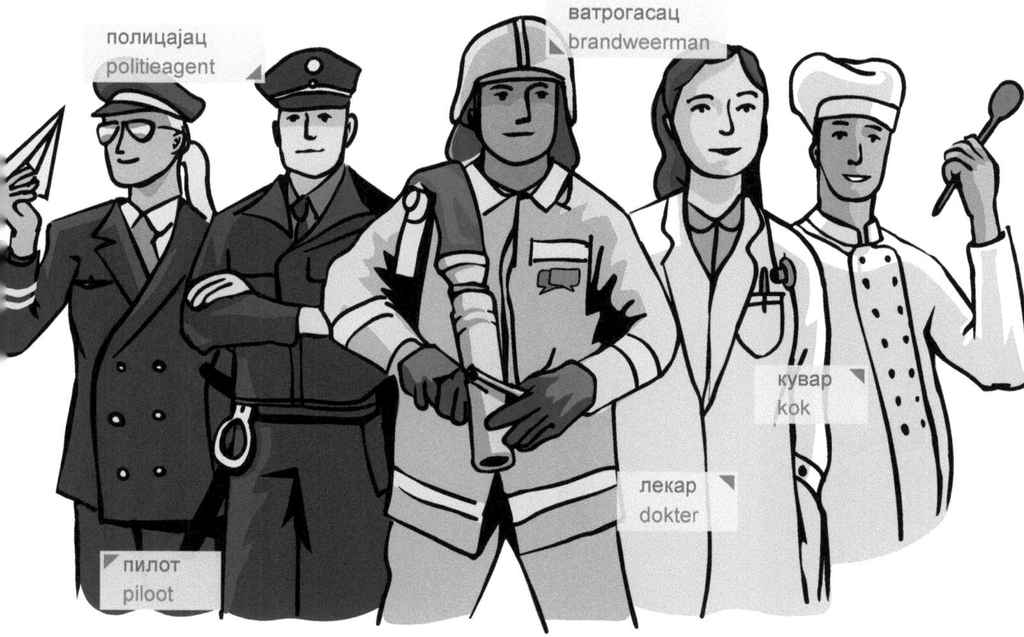
полицајац
politieagent
ватрогасац
brandweerman
кувар
kok
лекар
dokter
пилот
piloot

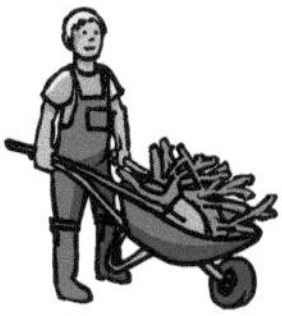

вртлар
tuinman

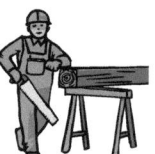

столар
timmerman

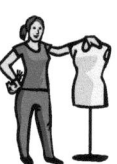

кројачица
naaister

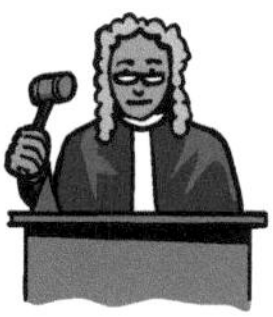

судија
rechter

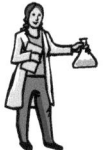

хемичар
scheikundige

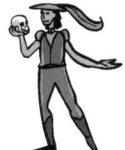

глумац
toneelspeler

возач аутобуса

buschauffeur

возач таксија

taxichauffeur

рибар

visser

чистачица

schoonmaakster

кровопокривач

dakdekker

конобар

ober

ловац

jager

сликар

schilder

пекар

bakker

електричар

elektricien

грађевински радник

bouwvakker

инжењер

ingenieur

месар

slager

лимар

loodgieter

поштар

postbode

војник

soldaat

архитекта

architect

благајник

kassier

цвећар

bloemist

фризер

kapper

кондуктер

conducteur

механичар

monteur

капетан

kapitein

зубар

tandarts

научник

wetenschapper

раби

rabbi

имам

imam

монах

monnik

свећеник

pastoor

алати
gereedschap

клешта
tang
чекић
hamer
одвијач
schroevendraaier
цепна лампа
zaklamp
кључ за завртње
moersleutel

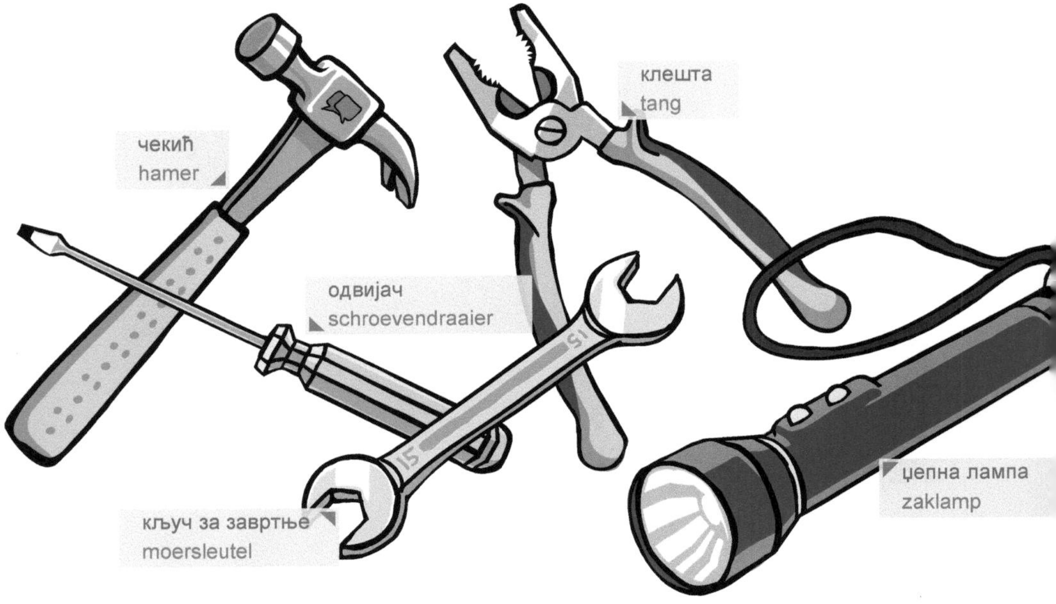

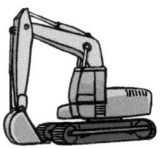

багер

graafmachine

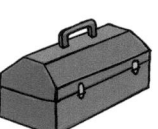

кутија за алат

gereedschapskist

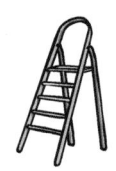

мердевине

ladder

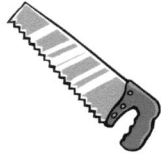

пила

zaag

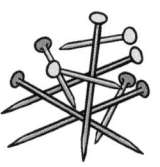

ексер

spijkers

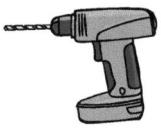

бушилица

boor

поправити

repareren

лопата

schep

до ђавола!

Verdorie!

лопатица

stofblik

лонац за боју

verfpot

завртањи

schroeven

музички инструмент
muziekinstrumenten

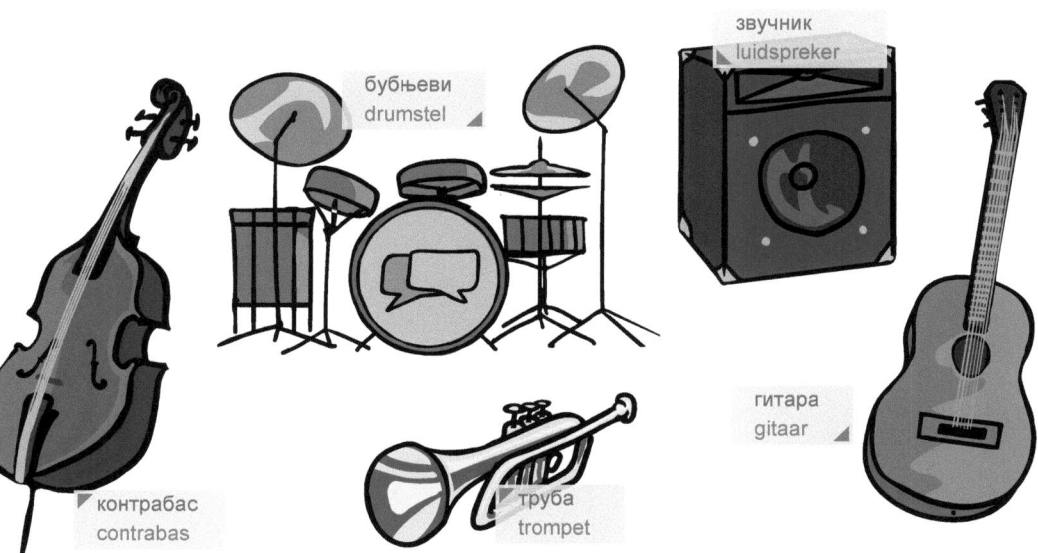

бубњеви
drumstel

звучник
luidspreker

гитара
gitaar

контрабас
contrabas

труба
trompet

клавир

piano

виолина

viool

бас

bas

тимпани

pauk

удараљке за бубњеве

trommel

типке клавира

keyboard

саксофон

saxofoon

флаута

fluit

микрофон

microfoon

зоолошки врт

dierentuin

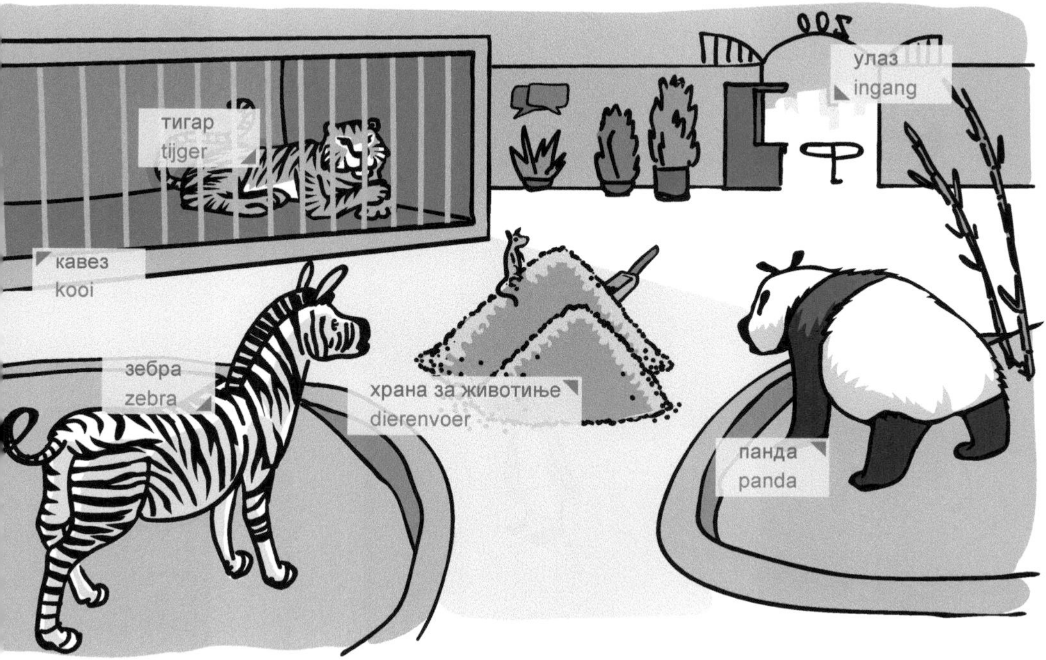
улаз
ingang
тигар
tijger
кавез
kooi
зебра
zebra
храна за животиње
dierenvoer
панда
panda

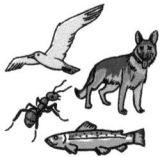

животиње

dieren

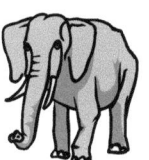

слон

olifant

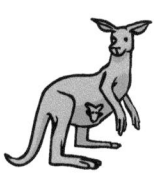

кенгур

kangoeroe

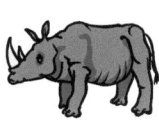

носорог

neushoorn

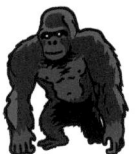

горила

gorilla

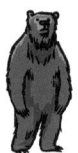

медвед

beer

камила

kameel

нoj

struisvogel

лав

leeuw

мajмун

aap

фламинго

flamingo

папагaj

papegaai

поларни медвед

ijsbeer

пингвин

pinguïn

аjкула

haai

паун

pauw

змиja

slang

крокодил

krokodil

чувар у зоолошком врту

dierenverzorger

туљан

zeehond

jaгуар

jaguar

пони

pony

леопард

luipaard

нилски коњ

nijlpaard

жирафа

giraffe

орао

adelaar

дивља свиња

wild zwijn

риба

vis

корњача

schildpad

морж

walrus

лисица

vos

газела

gazelle

амерички ногомет
American football

бициклизам
wielrennen

тенис
tennis

кошарка
basketbal

пливање
zwemmen

бокс
boksen

хокеј на леду
ijshockey

фудбал
voetbal

бадминтон
badminton

атлетика
atletiek

рукомет
handbal

скијање
skiën

поло
polo

активности
activiteiten

скочити
springen
загрлити
knuffelen
смејати се
lachen
ићи
lopen
певати
zingen
сањати
dromen
молити се
bidden
пољубити
kussen

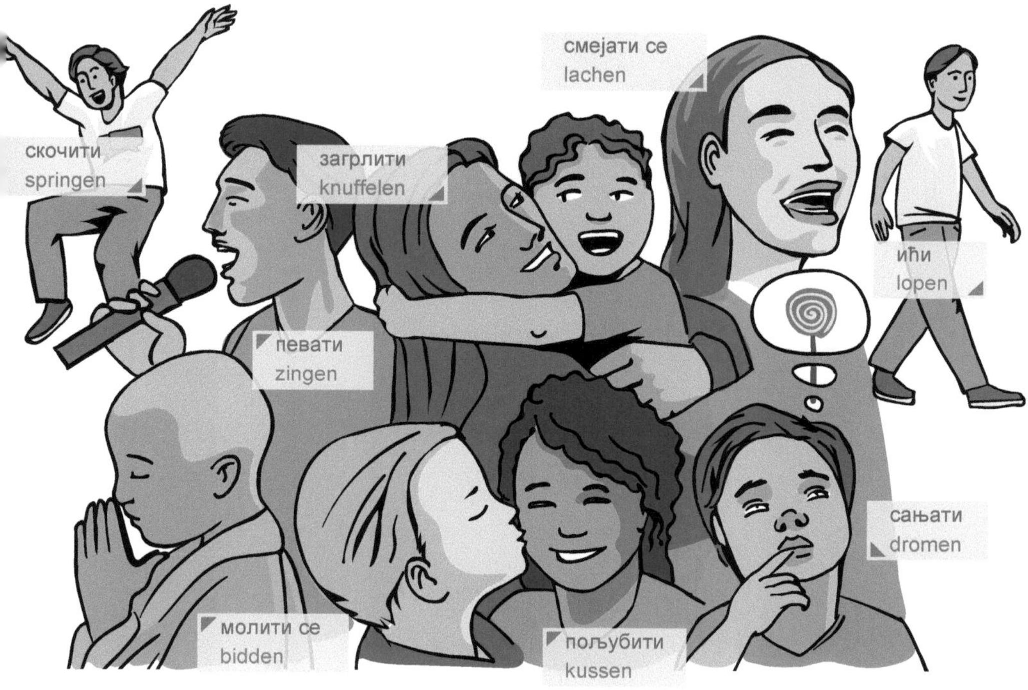

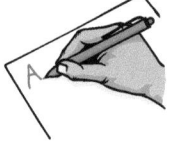

писати
schrijven

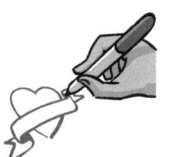

цртати
tekenen

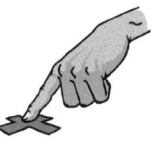

показати
tonen

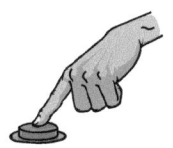

гурати
duwen

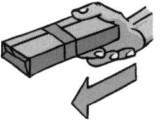

дати
geven

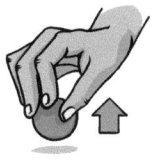

узети
oppakken

имати

hebben

чинити

doen

бити

zijn

стојати

staan

трчати

rennen

повлачити

trekken

бацити

gooien

падати

vallen

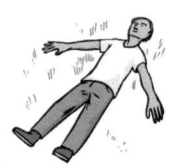

лежати

liggen

чекати

wachten

носити

dragen

седити

zitten

облачити

aankleden

спавати

slapen

пробудити се

wakker worden

активности - activiteiten

гледати

bekijken

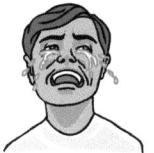

плакати

huilen

миловати

strelen

чешљати

kammen

говорити

praten

разумети

begrijpen

питати

vragen

слушати

horen

пити

drinken

јести

eten

поспремити

opruimen

волети

houden van

кухати

koken

возити

rijden

летети

vliegen

пловити

zeilen

рачунати

rekenen

читати

lezen

учити

leren

радити

werken

венчати се

trouwen

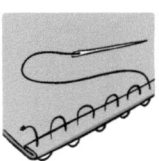

шити

naaien

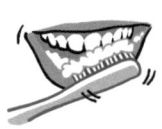

прати зубе

tandenpoetsen

убити

doden

пушити

roken

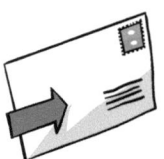

послати

verzenden

породица

familie

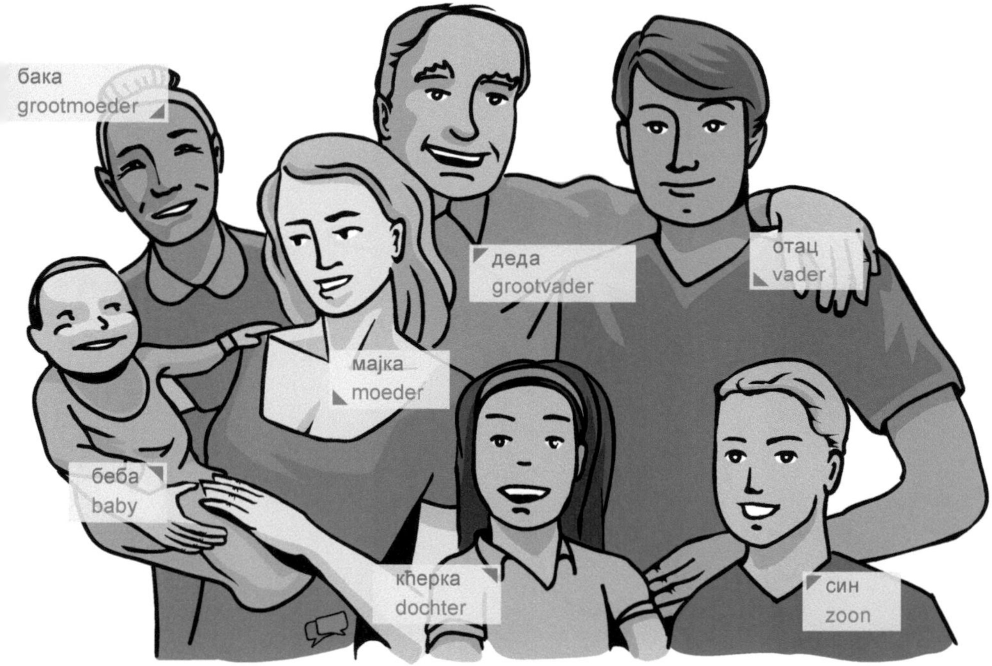

бака
grootmoeder
деда
grootvader
отац
vader
мајка
moeder
беба
baby
кћерка
dochter
син
zoon

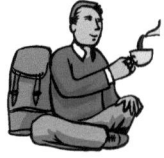

гост

gast

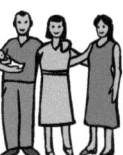

тетка

tante

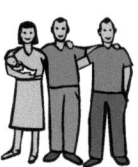

ујак, стриц

oom

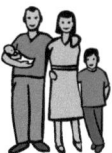

брат

broer

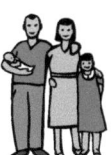

сестра

zus

тело
lichaam

чело
voorhoofd
око
oog
раме
schouder
прст
vinger
лице
gezicht
брада
kin
рука
hand
нога
been
груди
borst
рука
arm

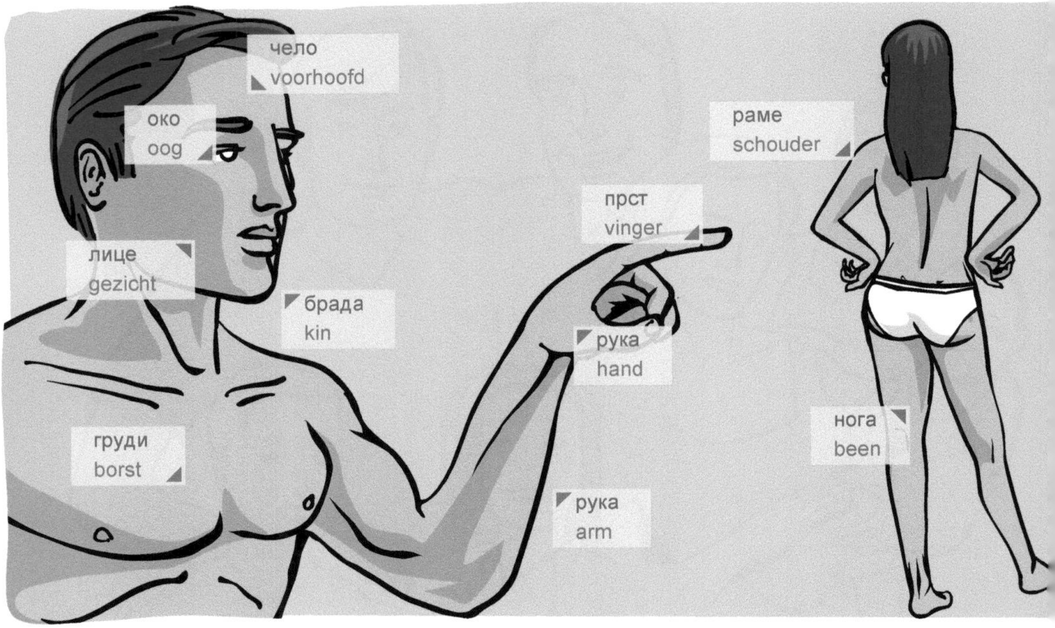

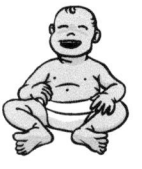

беба
baby

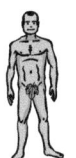

мушкарац
man

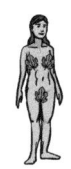

жена
vrouw

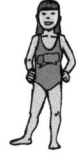

девојчица
meisje

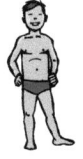

дечак
jongen

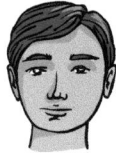

глава
hoofd

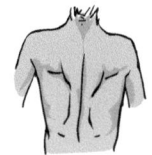

лећа

rug

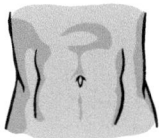

стомак

buik

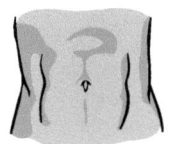

пупак

navel

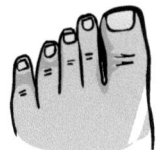

ножни прст

teen

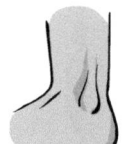

пета

hiel

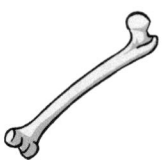

кост

bot

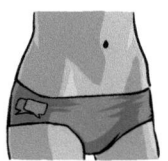

кукови

heup

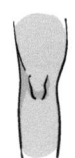

колено

knie

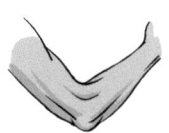

лакат

elleboog

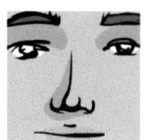

нос

neus

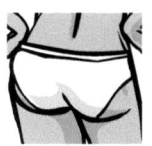

задњица

achterwerk

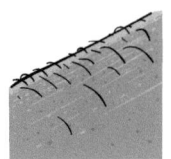

кожа

huid

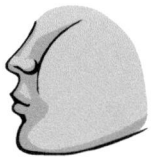

образ

wang

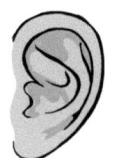

уво

oor

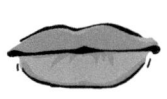

усна

lippen

уста

mond

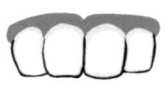

зуб

tand

језик

tong

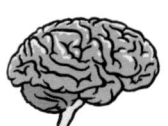

мозак

hersenen

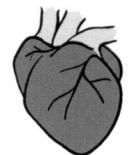

срце

hart

мишић

spier

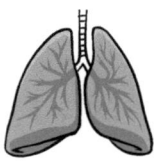

плућа

long

јетра

lever

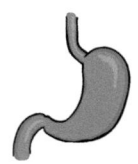

желудац

maag

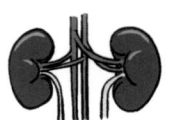

бубрези

nieren

полни однос

geslachtsgemeenschap

кондом

condoom

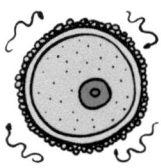

јајна ћелија

eicel

сперма

sperma

трудноћа

zwangerschap

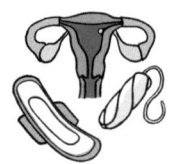

менструација

menstruatie

вагина

vagina

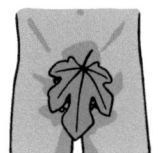

пенис

penis

обрва

wenkbrauw

коса

haar

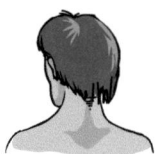

врат

hals

болница

ziekenhuis

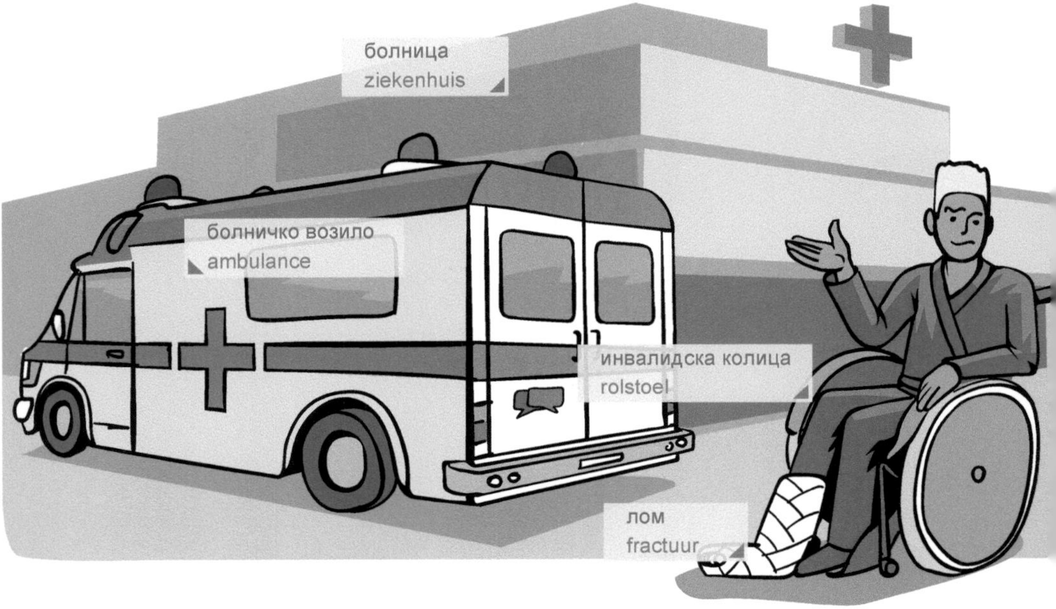

болница
ziekenhuis
болничко возило
ambulance
инвалидска колица
rolstoel
лом
fractuur

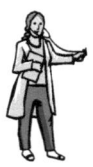

лекар

dokter

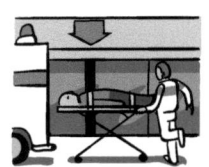

хитна медицинска служба

EHBO

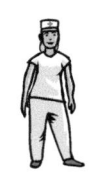

медицинска сестра

verpleegster

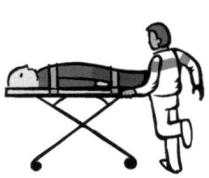

хитни случај

noodgeval

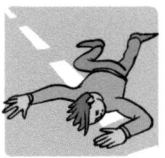

несвест

bewusteloos

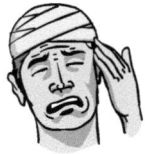

бол

pijn

повреда

verwonding

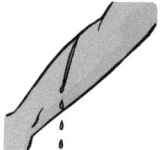

крварење

bloeding

срчани удар

hartaanval

удар

beroerte

алергија

allergie

кашаљ

hoest

грозница

koorts

грипа

griep

пролив

diarree

главобоља

hoofdpijn

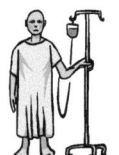

рак

kanker

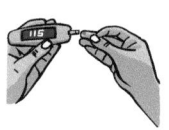

дијабетес

diabetes

хирург

chirurg

скалпел

scalpel

операција

operatie

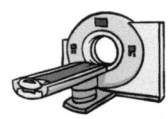

цт

CT

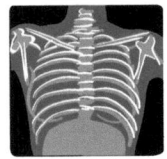

рентген

röntgen

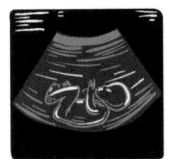

ултразвук

echografie

маска

gezichtsmasker

болест

ziekte

чекаона

wachtkamer

штака

kruk

фластер

pleister

завој

verband

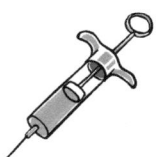

ињекција

injectie

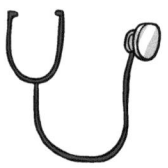

стетоскоп

stethoscoop

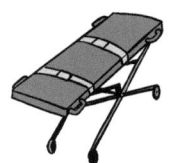

носила

brancard

термометар

thermometer

рођење

geboorte

прекомерна тежина

overgewicht

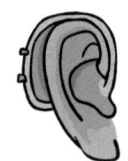

слушни апарат

gehoorapparaat

средство за дезинфекцију

ontsmettingsmiddel

инфекција

infectie

вирус

virus

хив / аидс

HIV / AIDS

медицина

medicijn

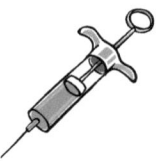

вакцинација

inenting

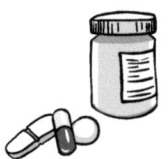

таблете

tabletten

пилула

pil

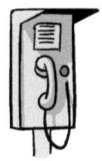

хитни позив

alarmnummer

уређај за мерење притиска

bloeddrukmeter

болесно / здраво

ziek / gezond

помоћ!

Help!

аларм

alarm

насртај

overval

напад

aanval

опасност

gevaar

излаз у случају нужде

nooduitgang

пожар!

Brand!

противпожарни апарат

brandblusser

незгода

ongeluk

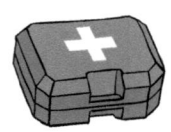

кутија прве помоћи

EHBO-koffer

сос

SOS

полиција

politie

Европа

Europa

Северна Америка

Noord-Amerika

Јужна Америка

Zuid-Amerika

Африка

Afrika

Азија

Azië

Аустралија

Australië

Атлантик

Atlantische Oceaan

Пацифик

Stille Oceaan

Индијски океан

Indische Oceaan

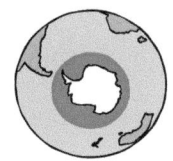

Антарктички океан

Zuidelijke Oceaan

Арктички океан

Noordelijke IJszee

Северни рол

Noordpool

Јужни рол

Zuidpool

Антарктик

Antarctica

земља

aarde

земља

land

море

zee

оток

eiland

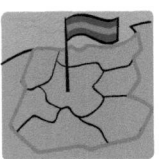

нација

natie

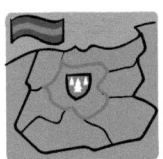

држава

staat

бројчаник сата

wijzerplaat

сатна казаљка

uurwijzer

минутна казаљка

minutenwijzer

секундна казаљка

secondewijzer

Колико је сати?

Hoe laat is het?

дан

dag

време

tijd

сада

nu

дигитални сат

digitaal horloge

минута

minuut

час

uur

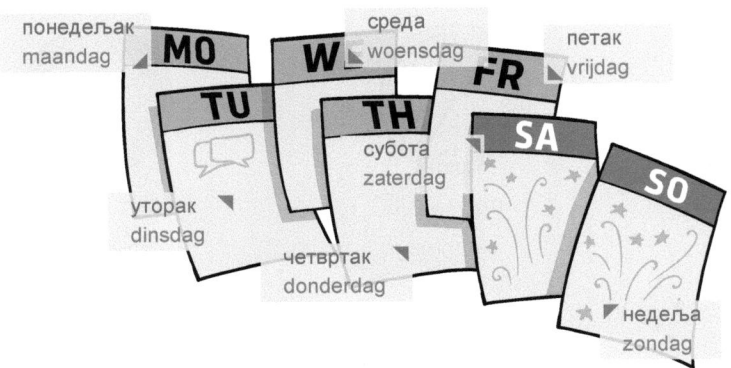

понедељак / maandag — MO
уторак / dinsdag — TU
среда / woensdag — W
четвртак / donderdag — TH
петак / vrijdag — FR
субота / zaterdag — SA
недеља / zondag — SO

јуче
gisteren

данас
vandaag

сутра
morgen

јутро
ochtend

подне
middag

вече
avond

MO	TU	WE	TH	FR	SA	SU
1	2	3	4	5	6	7
8	9	10	11	12	13	14
15	16	17	18	19	20	21
22	23	24	25	26	27	28
29	30	31	1	2	3	4

радни дани
werkdagen

MO	TU	WE	TH	FR	SA	SU
1	2	3	4	5	6	7
8	9	10	11	12	13	14
15	16	17	18	19	20	21
22	23	24	25	26	27	28
29	30	31	1	2	3	4

викенд
weekend

година

jaar

киша
regen
дуга
regenboog
ветар
wind
снег
sneeuw
пролеће
voorjaar
лето
zomer
јесен
herfst
зима
winter

4.APRIL 11°
5.APRIL 4°
6.APRIL 13°
7.APRIL 8°
8.APRIL 10°

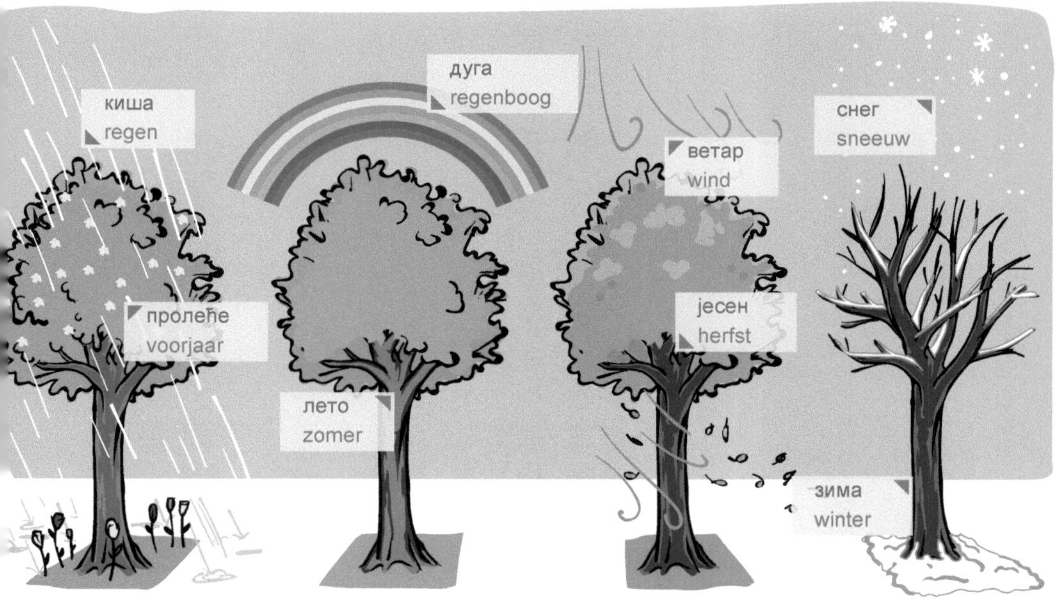

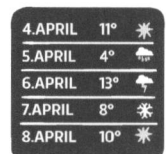

метеоролошка прогноза

weerbericht

F
C
120
90
60
30
0
-30
40
30
20
10
0
-10
-20

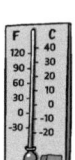

термометар

thermometer

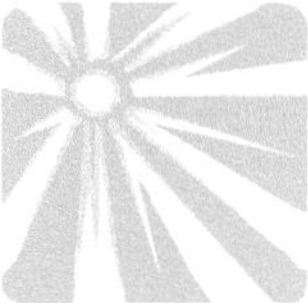

сунчана светлост

zonneschijn

облак

wolk

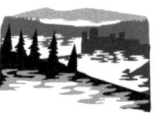

магла

mist

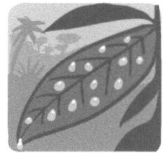

влажност ваздуха

luchtvochtigheid

муња

bliksem

грмљавина

donder

олуја

storm

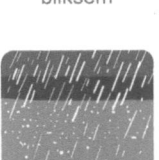

туча

hagel

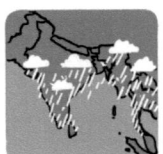

монсун

moesson

поплава

overstroming

лед

ijs

јануар

januari

фебруар

februari

март

maart

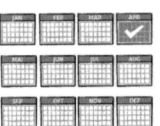

април

april

мај

mei

јуни

juni

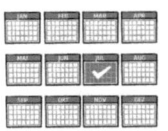

јули

juli

август

augustus

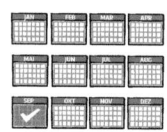

септембар
....
september

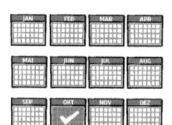

октобар
....
oktober

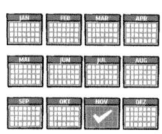

новембар
....
november

децембар
....
december

круг
....
cirkel

квадрат
....
vierkant

правоугао
....
rechthoek

троугао
....
driehoek

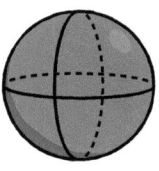

кугла
....
bol

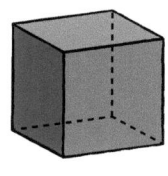

коцка
....
kubus

бела

wit

жута

geel

наранџаста

oranje

ружичаста

roze

црвена

rood

љубичаста

paars

плава

blauw

зелена

groen

смеђа

bruin

сива

grijs

црна

zwart

много / мало

veel / weinig

љутито / мирно

boos / rustig

лепо / ружно

mooi / lelijk

почетак / крај

begin / einde

велико / малено

groot / klein

светло / тамно

licht / donker

брат / сестра

broer / zus

чисто / прљаво

schoon / vies

потпуно / непотпуно

volledig / onvolledig

дан / ноћ

dag/ nacht

мртво / живо

dood / levend

широко / уско

breed / smal

јестиво / нејестиво

eetbaar / oneetbaar

зло / добро

gemeen / aardig

узбуђено / досадно

opgewonden / verveeld

дебело / мршаво

dik / dun

на почетку / на крају

eerste / laatste

пријатељ / непријатељ

vriend / vijand

пуно / празно

vol / leeg

тврдо / мекано

hard / zacht

тешко / лагано

zwaar / licht

глад / жеђ

honger / dorst

болесно / здраво

ziek / gezond

илегално / легално

illegaal / legaal

паметно / глупо

intelligent / dom

лево / десно

links / rechts

близу / далеко

dichtbij / ver

ново / половно

nieuw / gebruikt

ништа / нешто

niets / iets

старо / младо

oud / jong

укључено / искључено

aan / uit

отворено / затворено

open / gesloten

тихо / гласно

zacht / luid

богато / сиромашно

rijk / arm

тачно / погрешно

goed / fout

храпаво / глатко

ruw / glad

тужно / сретно

verdrietig / gelukkig

кратко / дуго

kort / lang

полако / брзо

langzaam / snel

мокро / сухо

nat / droog

топло / хладно

warm / koel

рат / мир

oorlog / vrede

0

нула

nul

1

један

één

2

два

twee

3

три

drie

4

четири

vier

5

пет

vijf

6

шест

zes

7

седам

zeven

8

осам

acht

9

девет

negen

10

десет

tien

11

једанаест

elf

12

дванаест
twaalf

13

тринаест
dertien

14

четрнаест
veertien

15

петнаест
vijftien

16

шестнаест
zestien

17

седамнаест
zeventien

18

осамнаест
achttien

19

деветнаест
negentien

20

двадесет
twintig

100

стотину
honderd

1.000

хиљаду
duizend

1.000.000

милион
miljoen

енглески

Engels

амерички енглески

Amerikaans Engels

мандарински кинески

Chinees Mandarijn

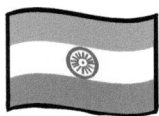

хиндски

Hindi

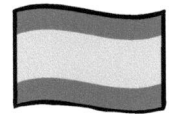

шпански

Spaans

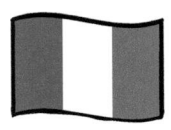

француски

Frans

арапски

Arabisch

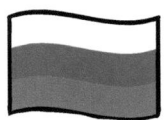

руски

Russisch

португалски

Portugees

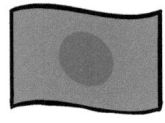

бенгалски

Bengalees

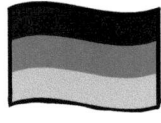

немачки

Duits

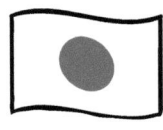

јапански

Japans

ja
....
ik

ти
....
jij

он / она / оно
....
hij / zij / het

ми
....
wij

ви
....
jullie

они
....
zij

Ко?
....
wie?

Шта?
....
wat?

Како?
....
hoe?

Где?
....
waar?

Када?
....
wanneer?

име
....
naam

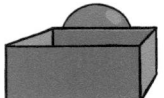

иза

achter

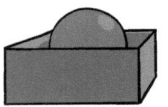

у

in

испред

voor

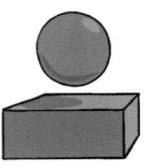

преко

boven

на

op

испод

onder

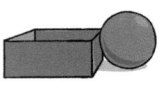

поред

naast

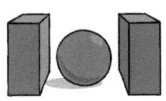

између

tussen

место

plaats